La Baranda de Oro

COLECCION VORTEX

Directoras: Gladys Zaldívar
              Concepción Alzola

EDICIONES UNIVERSAL, Miami, 1981

GLADYS ZALDÍVAR

LA BARANDA DE ORO

*Este poemario fue leído por su autora
en la Rama Hispánica del Sistema de Bibliotecas Públicas
del Condado de Dade, el 6 de octubre de 1979
con motivo de la celebración de la
Semana de la Hispanidad*

COLECCIÓN VORTEX

EDICIONES UNIVERSAL

EDICIONES UNIVERSAL
P.O. Box 450353
Miami, Florida 33145/U.S.A.
Shenandoah Station

© Copyright 1981 by Gladys Zaldívar.

Library of Congress Catalog Card Number: 79-67874
I.S.B.N.: 0-89729-241-3

Diseño y realización:
GRAPHOMANIA, INC.
69 Merrick Way / Suite 204
Coral Gables, Florida 33134

CONTIENE

DE LA TIERRA

1 Esferas de cristal [rondel] 9
2 El caracol [soneto] 11
3 El gato [soneto libre] 13
4 Mariposas [décima] 15

DEL AGUA

1 El barco de papel [lira] 19
2 El caballito de mar [libre] 21
3 El pez [letanía] 23
4 El nelumbio [redondillas] 29

DEL AIRE

1 El barrilete [soneto libre] 33
2 El cocuyo [romance] 35
3 El sinsonte [madrigal] 37
4 La madreselva [octava real] 39

DE LA TIERRA, DEL AGUA Y DEL AIRE

1 Baile de máscaras [libre] 43

EPÍLOGO

A Gladys Zaldívar, con su libro *La baranda de oro* ... 47

De la tierra

Esferas de cristal

*Ascuas ruedan los planetas
y azul irrumpe el misterio.*
Es la tarde del asedio:
ardientes van las goletas
haciendo mar de las grietas;
de la tierra, oscuro gremio.
*Ascuas ruedan los planetas
y azul irrumpe el misterio.*
Estallan nueve saetas.
La espiral, alta en su predio
alumbra de su aspa el tedio:
nace abajo su careta.
*Ascuas ruedan los planetas
y azul irrumpe el misterio.*

El caracol

A Enrique Labrador Ruiz.

La noche es como el verbo: cerrado caracol.
Cimbra el holgorio en el húmedo fustar del viento
y a solas, rompiendo el gris, la espiral del acento
sube a sus hombros y la clave anuncia de sol.
A cuestas va el ciclón, la firma de la col
en el oscuro amarillo de su sentimiento.
Quieta y callada es la pradera de su contento
porque acude a la gracia también el girasol.
Sílaba de la tierra, tal vez un signo extraño
del texto que entrega su aroma mas no su esfera.
Es la misteriosa y hosca oquedad que reverencio:
he aquí sus antenas para tanto cuerpo huraño.
Es de Paulus Franck la ardiente letra de la espera:
he aquí su azar. Abre su cósmica ala el silencio.

El gato

A Benito García.

Otras son tus ciudades y tus muros,
otra es tu geografía; la brisa
que alza el candor de una perdida sombra
no es para ti sino el secreto bosque
del amor, el reino del lagarto, ese minúsculo
dragón que cuelga fiero de tus fauces
congelando —caza al revés— su muerte.
En la casa tu delicado paso
bordea puras, increíbles fronteras;
invictas las cosas, nada se rompe
al salto de ese príncipe en tus ojos;
estalla en navajas tu alegría,
paseas como un mástil tu presencia.
Quien te ama alcanza los barcos y la rosa.

Mariposas

(Hedychium coronarium)

*A la abuela
María Hortensia González,
de pura cepa.*

Corre hacia el monte el fulgor
doblado hacia atrás del sueño
que en manso cofre, sedeño
albergará de la flor
el códice del furor.
Sombras se alzan en la reja
y de aroma ahíta la abeja
da tumbos sobre el marfil.
Viene el golpe del añil
como fosca espuma, añeja.

Del Agua

El barco de papel

La lluvia no es tu rienda

sino tus inefables pies de azogue:

ni es tampoco calenda

para que tu ala ahogue

el canto. Abierta está a que tu alma bogue.

Ahora a isla tu sueño

se parece cuando el álabe aquieta

tu pecho dulce, risueño:

ser arado o cometa

del agua y del delfín, blanca saeta.

El caballito de mar

A María Luisa Ríos

Caballito de mar
    caballito caracoleando
    sobre piedras de luz azul
        arre
    tenso el perfil
    en la cuidada rectitud de su presencia
    rápido topacio su mirada
    en el bosque de agua
    siempre claro
    tibio siempre
        arre
    caballito de castaña espuma
    el cuerpo entero es la espiral de un signo
    música convexa del amor
    pentagrama de invisibles crines

cóncava clave su quietud de hoja

se enrosca su misterio al árbol

y allí sueña quizá un imposible trote

su cuello en la dorada nostalgia del arreo

sus costados en el duro lenguaje de la espuela

    arre arre

y el lomo ya no flotando

en su bípeda soledad

sino danzando en la escritura aérea del jinete

    arre arre

caballito de mar

diminuto recuerdo del centauro

    arre arre arre

caballito de mar

alma desprendida de las algas

    arre arre

caballito de dos moradas

oscuro navegante en tierra

trotamundos corazón del agua

    arre arre

        arre

El pez

Plata del sueño
   plata del azul
   flauta del silencio
   flauta de vísperas
   astro de las algas
   astro de las apsaras
   signo del trípode
   signo de la forma
   arca del misterio
   arca de la cifra
   vaso de luz
   vaso de la espada
   espejo del oro
   espejo de la sombra
   alianza de la noche
   alianza del triángulo
   bastión del fuego

bastión del agua
ojiva de la rosa
ojiva del número
secreto del marfil
secreto del arcoiris
fiesta del vitral
fiesta del códice
pincel del alba
pincel de la fuga
retorno de la imagen
retorno del ángel

El nelumbio

La redondez se agrupa
en el rostro del agua:
celda del alma, antigua
que el gualda cerca, ocupa,
donde la nieve ofrenda
su sereno destierro
y el corazón su cerro
prístino ya, con rienda.

Del Aire

El barrilete

Grácil, el corazón del vuelo se alza;
su geométrica pasión de estrella
abre callado en el dintel del árbol
e irrumpe en el balcón como una fiesta.
Biografía de las nubes, su danza;
medalla de la tarde es su silencio;
su cola, ruta al reino de la lluvia;
su quieta altura, códice del ave.
No el rombo de azafrán cierra su forma
sino la breve mariposa clara;
no ingrávido esqueleto es su madera
sino la honda presencia de la sombra.
No es el aire su cárcel o morada
sino el cuerpo icarial que al fin lo acoge.

El cocuyo

A Orlando González-Esteva

Oblonga noche, azulada;
   un extraño guardavías
   distribuye los recuerdos
   y sombras puras abriga
   como una estrella a la mano
   como una rama votiva.
   Lento cabalga el carbón
   con sus espuelas floridas
   y es corchete de San Juan
   vibrando el polvo que hechiza.

El sinsonte

El gris bruñe su alfil
   atado al calizo asedio de la onda
   que baña, cálido cerco, la fronda.
   Cuatrocientas ventanas
   se abren en haz desde tu alma de flauta;
   grácil aeronauta
   en el amor, danza serena y llana
   que alza en su filigrana
   un furor de esmeril.
   Vuela el acero en su verdad de atril.

La madreselva

En la esgrima de la noche, sus ojos
   miden la desdicha, su sordo filo
   rozando como un hado los cerrojos
   del aire, ruta mercurial que en vilo
   pueblan sus seis rostros —ronda en manojo—,
   ruta que alza sus manos y da asilo
   también a su alto y pálido perfume
   también a su fantasma que consume.

De la Tierra, del Agua y del Aire

Baile de máscaras

Vienen volando casas encantadas,
   arrastrando la noche en sus colas
   (las ventanas penden ahora de huesudos árboles)
   y en el hueco, rompiendo la brisa,
   alguien silba una balada de nieve
   rescatada de alguna telaraña galardoneando
   la fotografía del abuelo que se aferra
   como una raíz a los cristales.
   Vienen aullando los castillos
   y el gato que cuelga de las estrellas
   emerge ahora del agua del recuerdo
   maullando su muerte de terciopelo
   que golpea, que punza
   en el cuerpo inmaterial de las baldosas.
   Viene volando la sabiduría de las escobas
   jineteando blancamente nuestro corazón:
   la bruja es una mariposa en el fondo azul de la niña,
   el esqueleto es un arco de violín,
   el monstruo tiene la boca de un ruiseñor
   y el verdugo no es más que una mandolina olvidada.

Epílogo

EPILOGO

A Gladys Zaldívar, con su libro
La baranda de oro

Oro feliz de tu baranda pura
llena el tibio desván de los arcanos
y, con rigor de candorosas manos,
la antigua luz rehace su escultura.

Sabía morosidad en desmesura
de azules tornasoles oceanos
tanto más cerca cuanto más lejanos
en el cristal aliento que madura

su flor. Coral de flautas detenidas
en el gesto limítrofe del sueño,
a convocar el alba, conseguida

la indócil mariposa de tu empeño:
¡Qué vuela ya, sin alas y sin bridas,
más alto que Pegaso, Clavileño!

Manuel J. Santayana
Octubre de 1979

Esta primera edición de
La baranda de oro, de Gladys Zaldívar
se terminó de imprimir en Miami
el día doce de junio de 1981
en los talleres de M.C. Printing
Consta la edición de 500 ejemplares.